Eugène Labiche

L'Affaire
de la rue
de Lourcine

L'Affaire de la rue de Lourcine

COMÉDIE EN UN ACTE, MÊLÉE DE COUPLETS

Représentée pour la première fois, à Paris, sur le théâtre du PALAIS-ROYAL, le 26 mars 1857.

Le théâtre représente la chambre à coucher de Lenglumé. Au fond, lit fermé par des rideaux ; lavabo, avec ses ustensiles. Cheminée, à gauche, deuxième plan ; porte au fond, à la droite du lit ; porte à la gauche du lit. Portes au premier et au deuxième plan de droite ; chaises, fauteuils, etc.

Personnages

LENGLUMÉ, rentier.

MISTINGUE.

POTARD, cousin de Lenglumé.

JUSTIN, domestique de Lenglumé.

NORINE, femme de Lenglumé.

La scène est à Paris, chez Lenglumé .

Scène première

Justin, puis Norine.

Au lever du rideau, le lit est fermé par les rideaux

JUSTIN, *entrant à pas de loup*

Monsieur dort encore... ne le réveillons pas. *(Regardant la pendule.)* Neuf heures !... Il est flâneur, monsieur... *(Il éternue.)* Cré rhume !... ça me tient dans le cerveau!

NORINE, *entrant sur la pointe des pieds. Elle tient un pot de tabac et deux bouteilles*

Eh bien, est-il réveillé?

JUSTIN

Pas encore... Il est si flâneur, monsieur!

NORINE

Hein? ... Je vous prie de parler avec plus de respect.

JUSTIN

Oh! p ardon!... Faut-il le pré venir que madame est là?

NORINE

Gardez-vous-en bien !... C'est aujourd'hui sa fête, à ce pauvre ami... et je veux lui faire une surprise... un pot de tabac; g arni de maryland.
Elle le pose sur la cheminée.

JUSTIN, *à part*

Mâtin!... du mar yland!... Je m' en offrirai une pipe.

NORINE

Plus, ces deux bouteilles de genièvre... sa liqueur favorite.

JUSTIN, *à part*

Je m'en offrirai aussi une pipe. *(Haut, s'oubliant.)* C'est bien... posez ça là!

NORINE

Comment! p osez ça là?

JUSTIN

Oh! p ardon!

NORINE

Je veux, au contraire, les porter dans le petit salon... De cette façon, il aura une surprise... en partie double, ce cher ange!

JUSTIN, à part

Que cette femme est romanesque pour son embonpoint.

NORINE, prête à sortir

Ah ! Justin, on a collé hier du papier dans le cabinet de monsieur... vous y allumerez un réchaud pour le faire sécher.

JUSTIN

Oui, madame.

NORINE

Vous chercherez aussi le parapluie que j'ai emprunté au cousin Potard... un parapluie vert... avec une tête de singe... sa bonne est là qui l'attend.

JUSTIN

Madame, faut que je brosse les habits.

NORINE

Plus tard.

JUSTIN

Cependant...

NORINE

Vous raisonnez toujours !... Je vous intime l'ordre de chercher ce parapluie... c'est clair!

Elle entre à gauche avec ses deux bouteilles.

7

JUSTIN, *seul, s'adressant à la porte*

Zut !... zut !... zut !... Elle m'embête avec son parapluie ! Prenons toujours les hardes de monsieur pour les brosser !... *(Prenant des vêtements sur une chaise.)* Voilà son habit, son gilet, ses bottes... Tiens ! elles sont crottées !... c'est curieux, ça !... Monsieur qui n'est pas sorti hier... il est allé se coucher à cinq heures, en se plaignant d'un fort mal de tête... Mais je ne vois pas son pantalon !... où est donc le pantalon ?... *(Il trébuche contre une seconde paire de bottes.)* Hein !... encore des bottes !... crottées!... ah! c' est curieux, ça! *(Apercevant d'autres vêtements sur une chaise.)* Et un second habit... et un regilet !... et pas le moindre pantalon !... Est-ce que, les jours de migraine, M. Lenglumé s'habillerait en Écossais ?... Il y a quelque chose... *(Il éternue.)* Cré rhume !... J'ai oublié mon mouchoir!... Que je suis bête!...

Il prend un mouchoir dans une des redingotes qu'il porte, et de mouche très fort à plusieurs reprises.

LENGLUMÉ, *qui se réveille, dans l'alcôve*

Qui est-ce qui sonne du cor? ...

JUSTIN

Oh! j'ai ré veillé monsieur!

Il se sauve vivement par la droite, troisième plan.

Lenglumé, seul, passant sa tête entre les rideaux.

Personne!... Tiens, il fait grand jour!... *(Il se glisse en bas de son lit. Les rideaux se referment derrière lui. Il a son pantalon.)* Où est donc mon pantalon ?... *(Le regardant.)* Tiens ! je suis dedans !... Voilà qui est particulier !... je me suis couché avec... Ah ! je me rappelle !... *(Avec mystère.)* Chut ! madame Lenglumé n'est pas là... Hier, j'ai fait mes farces... Sapristi, que j'ai soif ! *(Il prend une carafe d'eau sur la cheminée, et boit à même.)* Je suis allé au banquet annuel de l'institution Labadens, dont je fus un des élèves les plus... médiocres... Ma femme s'y opposait... alors, j'ai prétexté une migraine ; j'ai fait semblant de me coucher... et v'lan ! j'ai filé chez Véfour... Ah ! c'était très bien... on nous a servi des garçons à la vanille... avec des cravates blanches... et puis du madère, du champagne, du pomard !... Pristi, que j'ai soif !... *(Il boit à même la carafe.)* Je crois que je me suis un peu... pochardé !... Moi, un homme rangé !... J'avais à ma droite un notaire... pas drôle ! et à ma gauche, un petit fabricant de biberons, qui nous en a chanté une passablement... darbo ! ah ! vraiment, c'était un peu... c'était trop... Faudra que je la lui demande... Par exemple, mes idées s'embrouillent complètement à partir de la salade ! *(Par réflexion.)* Ai-je mangé de la salade ?... Voyons donc !... Non !... Il y a une lacune dans mon existence ! Ah çà ! comment diable suis-je revenu ici ?... J'ai un vague souvenir d'avoir été me promener du côté de l'Odéon... et je demeure rue de Provence !... Était-ce bien l'Odéon ?... Impossible de me rappeler !... Ma lacune ! toujours ma lacune !... *(Prenant sa montre sur la cheminée.)* Neuf heures et demie !... *(Il la met dans son gousset.)* Dépêchons-nous de nous habiller. *(On entend ronfler derrière les rideaux.)* Hein !... on a ronflé dans mon alcôve ! *(Nouveaux ronflements.)* Nom d'un petit bonhomme ! j'ai ramené quelqu'un sans m'en apercevoir!... D e quel sexe encore? ...

Il se dirige vivement vers le lit. Norine paraît.

Scène III

Lenglumé, Norine.

NORINE

Enfin, tu es levé!

LENGLUMÉ, *à part*

Ma femme!

NORINE

Eh bien, tu ne m'embrasses pas?

LENGLUMÉ

Chut! *(À part.)* Elle va le réveiller!

NORINE

Quel?

LENGLUMÉ

Rien!... Allons fair e un tour sur le boulevard.

NORINE

Le boulevard ! Tu n'es seulement pas habillé... Cette figure bouleversée... est-ce que tu serais malade?

LENGLUMÉ

Oui... je t'avoue que...

NORINE, *vivement*

Recouche-toi. *(Appelant.)* Justin!

LENGLUMÉ

Chut!... plus bas!...

NORINE

Je vais refaire ton lit.

Elle se dirige vers l'alcôve.

10

LENGLUMÉ, *la retenant*

Non !... ça va bien... ça va mieux... c'était une crampe... Allons faire un tour sur le boulevard.

NORINE, *à part*

Qu'est-ce qu'il a ?... *(Haut.)* À propos ! tu n'as pas vu le parapluie du cousin Potard... surmonté d'une tête de singe? ...

LENGLUMÉ

Le parapluie ?... non. *(À part, se souvenant.)* Ah ! bigre ! je l'ai emporté hier au banquet Labadens !... il sera resté dans ma lacune... près de l'Odéon...

NORINE, *trouvant à terre un tour de cheveux*

Qu'est-ce que c'est que ça?

LENGLUMÉ

Quoi?

NORINE

Un tour de cheveux blonds!... Palsambleu! monsieur!...

LENGLUMÉ, *à part*

Un tour !... Mais alors... *(Regardant l'alcôve.)* c'est une femme ! j'ai ramené une femme!...

NORINE

Parlez, monsieur!...

LENGLUMÉ, *vivement*

C'est pour toi... un cadeau...

NORINE

Mais j'ai des cheveux!...

LENGLUMÉ

Oui... mais ils tomberont... c'est pour l'avenir!...
On entend ronfler dans l'alcôve.

NORINE

Hein!... quel est ce br uit?

LENGLUMÉ, à part

Nom d'une trompe ! (Haut.) c'est moi, c'est ma crampe... (Ronflant.) Cran!... cran!... ça vient de l' estomac!...

NORINE

Voyons, dépêche-toi de t'habiller... c'est aujourd'hui le baptême du petit Potard... nous sommes parrain et marraine.
Nouveaux ronflements.

LENGLUMÉ, il tape dans ses mains. À part

On dit que ça les fait taire...

NORINE

Qu'est-ce que tu fais là?

LENGLUMÉ

J'applaudis... Tu me dis : « Nous sommes parrain et marraine, " et je réponds: «Brav o! brav o!"

NORINE

En vérité, je ne sais ce que tu as aujourd'hui !... Je vais achever de m'habiller!... Nous déjeuner ons dans un quart d'heure.
Elle sort par la gauche, deuxième plan.

12

Scène IV

Lenglumé, Mistingue.

LENGLUMÉ, *courant ouvrir les rideaux*

Madame!... Mademoiselle!... sortez!...

MISTINGUE, *se réveillant*

Hein!... heu!...

Il a le nez très rouge.

LENGLUMÉ

Un homme!

MISTINGUE, *se mettant sur son séant*

Qu'est-ce que vous demandez, monsieur?

LENGLUMÉ

Comment, ce que je demande ?... Que faites-vous là... dans mon lit? ...

MISTINGUE

Votre lit? ... *(Regardant autour de lui.)* . Tiens!... où suis-je donc ici?

LENGLUMÉ

Chez moi, monsieur! r ue de Provence.

MISTINGUE, *sautant vivement à bas du lit. Il a un pantalon*

Rue de Provence? ... et moi qui demeure près de l'Odéon!

LENGLUMÉ

Voyons, parlez!

MISTINGUE

De quel droit, monsieur, me retenez-vous prisonnier?

LENGLUMÉ

Ah! je tr ouve ça joli, par exemple!

MISTINGUE

J'espère que vous allez m'expliquer comment je me trouve dans vos
oreillers? ... Je ne vous connais pas, moi!

LENGLUMÉ

Ni moi non plus! *(À part.)* D'où tombe-t-il, cet animal-là?

MISTINGUE

Sapristi, que j'ai soif!

Il va à la carafe et boit à même.

LENGLUMÉ

Eh bien, monsieur !... ne vous gênez pas !... *(Tout à coup.)* Ah ! quelle
idée !... Pardon, jeune homme... n'auriez-vous pas banqueté hier chez
Véfour?

MISTINGUE

Oui... Qu'est-ce que ça vous fait?

LENGLUMÉ

Alors, vous êtes un labadens... Moi aussi!

MISTINGUE

Ah bah!

LENGLUMÉ

Deux labadens!... tout s' explique! Lenglumé! Oscar Lenglumé!

MISTINGUE

Ah! oui, une gr osse bête!

LENGLUMÉ

C'est ça!... il me r econnaît!

MISTINGUE

Et moi, Mistingue!

LENGLUMÉ

Ah ! très bien : un piocheur !... Il me semble que j'y suis encore : premier prix de vers latins, l'élève Mistingue, né à Chablis?

MISTINGUE

C'est pourtant vrai!... Est-on bête quand on est jeune!

LENGLUMÉ, à part

Un prix de vers latins !... Il doit être dans une très bonne position ce gaillard-là.

MISTINGUE, à part

Il est crânement meublé!

LENGLUMÉ, lui tendant la main

Comment te portes-tu?

MISTINGUE

Pas mal. Et toi?

LENGLUMÉ

Ce brave Mistingue!

MISTINGUE

Ce brave Lenglumé!

LENGLUMÉ, à part

C'est singulier comme il a le nez rouge!

MISTINGUE, de même

Vrai, je ne le reconnais pas du tout!

LENGLUMÉ

Ce brave Mistingue!

MISTINGUE

Ce brave Lenglumé!

LENGLUMÉ, *à part*

C'est drôle, quand on ne s'est pas vu depuis Vingt-sept ans et demi...
on n'a presque rien à se dire, *(Haut.)* Ce brave Mistingue!

MISTINGUE

Ce brave Lenglumé!

LENGLUMÉ

Mais explique-moi comment tu te trouves dans mon alcôve?

MISTINGUE

Ça... je n'en sais rien... Je ne te cacherai pas qu'à par tir du turbot,
j'étais dans les brindezingues...

LENGLUMÉ

Moi, ça ne m'a pris qu'à la salade.

MISTINGUE

Qu'avons-nous fait pendant ce laps?

LENGLUMÉ

On ne le saura jamais. Tout ce que je sais, c'est que j'ai perdu mon
parapluie... surmonté d'une tête de singe...

MISTINGUE, *gaiement*

Comme moi, mon mouchoir... Nous avons peut-être commis des
atrocités!

LENGLUMÉ

Moi, d'abord, j'ai le vin tendre... j'ai le falerne tendre !... comme dit
Horace... Horatius!...

MISTINGUE

Coclès...

LENGLUMÉ

Non... Flaccus! T u dois connaître ça, un prix de vers latins!

MISTINGUE

Faiblement!... faiblement!...

LENGLUMÉ

Sapristi! que j'ai soif!...

Il prend la carafe et boit à même.

MISTINGUE

Dis donc, après toi la carafe.

Lenglumé la lui repasse; il boit à son tour.

LENGLUMÉ

Ah çà ! j'espère que nous ne nous quitterons pas comme ça ? Deux labadens!... T u déjeunes avec moi?

MISTINGUE

Ça va!

LENGLUMÉ

Où ai-je mis la clef de la cave ? *(Il fouille à sa poche et en retire une poignée de noyaux.)* Tiens! qu' est-ce que c'est que ça? des no yaux de cerises!

MISTINGUE, *même jeu*

Et moi, des noyaux de prunes!

LENGLUMÉ

D'où vient cette plantation?

MISTINGUE

Ça m'intrigue ! *(Avec philosophie.)* Après ça, qui est-ce qui n'a pas son petit noyau ici-bas?

LENGLUMÉ, *lui tendant la main, Mistingue y dépose ses noyaux*

Merci de cette bonne parole! *(À part.)* Comme il a le nez rouge!

17

Scène V

Les mêmes, Justin, rapportant les redingotes et les paires de bottes.

JUSTIN, *à part, apercevant Mistingue*

Tiens, monsieur qui est deux! *(Haut.)* Monsieur!...

LENGLUMÉ

Que veux-tu?

JUSTIN

Je rapporte vos habits...

MISTINGUE, *à part*

Il a un joli domestique!

JUSTIN

Et les deux paires de bottes... *(À part.)* Par où est-il entré, celui-là?

LENGLUMÉ

Tu mettras trois couverts... j'ai un ami à déjeuner... Dépêche-toi.

JUSTIN

Tout de suite, monsieur, *(À part.)* Par où diable est-il entré

Il sort.

Scène VI

Les mêmes, hors Justin.

Tous deux s'asseyent et mettent leurs bottes.

LENGLUMÉ

Dis donc, je vais te présenter à ma femme... mais ne lui parle pas du banquet Labadens.

MISTINGUE

Sois tranquille! *(À part, entrant ses bottes.)* Mâtin ! elles sont justes !... c'est l'humidité!

LENGLUMÉ, *à part*

On dirait que mes bottes se sont élargies... c'est l'humidité !... *(Haut, tout en s'habillant.)* Ah çà ! tu dois être dans une jolie position, toi ? un prix de vers latins?

MISTINGUE, *s'habillant*

Oui... je n'ai pas à me plaindre... je suis chef...

LENGLUMÉ

De division?

MISTINGUE

Non!...

LENGLUMÉ

De bataillon?

MISTINGUE

Non, je suis chef...

LENGLUMÉ

Chef d'une nombreuse famille?

MISTINGUE

Non, chef de cuisine.

LENGLUMÉ

Hein!... cuisinier?

MISTINGUE

Prête-moi tes rasoirs... je vais me faire la barbe

LENGLUMÉ

Ah ! non... merci !... Ils sont cassés ! *(À part.)* Cuisinier ! Je suis fâché de l'avoir invité!

MISTINGUE

Ah çà! dépê chons-nous de déjeuner, car, ce soir, je quitte la France.

LENGLUMÉ

Comment!

MISTINGUE

Je vais dans le duché de Brunswick.

LENGLUMÉ

Ah! te p osséder si peu!...

MISTINGUE

Une place superbe!... Quatr e mille balles!... et le b eurre!

LENGLUMÉ, à part

Ah! qu'il est commun!... Si je p ouvais le faire manger à la cuisine!

MISTINGUE, examinant ses mains qui sont toutes noires

Ah! v oilà qui est particulier!

LENGLUMÉ

Parbleu! un cuisinier!

MISTINGUE, apercevant les mains de Lenglumé, qui sont noires aussi

20

Tiens!...

LENGLUMÉ

Les miennes aussi !... D'où diable cela peut-il venir ? *(Fouillant à sa poche et en tirant un morceau de charbon.)* Du charbon !... Tout à l'heure, c'étaient des noyaux!...

MISTINGUE, tirant aussi un morceau de charbon de sa poche

Moi aussi! moi aussi!

LENGLUMÉ

Ah çà ! est-ce que nous aurions fraternisé cette nui avec des charbonniers?

MISTINGUE

Fouchtra de la Catarina!

Scène VII

Les mêmes, Norine, puis Justin.

NORINE

Eh bien, es-tu prêt? *(Apercevant Mistingue, et bas.)* Quel est ce monsieur?

LENGLUMÉ

C'est... c'est un notaire!

MISTINGUE, *bas, à Lenglumé*

Superbe femme!... Présente-moi.

LENGLUMÉ

Oui... – Ma bonne amie... je te présente... l'élève Mistingue... né à Chablis...

MISTINGUE

Et chef...

LENGLUMÉ, *vivement*

D'une nombreuse famille. *(Bas.)* Tais-toi donc!

NORINE, *saluant*

Monsieur...

MISTINGUE, *de même*

Madame...

JUSTIN, *apportant la table*

Le déjeuner est servi!

MISTINGUE

Allons, à table', à table!...

NORINE, *à part*

Comment, à table? ... *(Bas, à son mari.)* Est-ce que tu l'as invité?

22

LENGLUMÉ, *bas*

Que veux-tu !... c'est un labadens !... un ami intime !... tu prendras
garde à l'argenterie!

NORINE

Comment, à l'argenterie? ...

LENGLUMÉ

À table! à table!

AIR de l'Curagan .

ENSEMBLE

À table! à table vite

Ce repas

Aux mets délicats,

m'
En vérité **l'** excite.

L'appétit

Vaut mieux que l'esprit!

NORINE, *à part*

Comme c'est agréable!... r ecevoir un jour de baptême!

MISTINGUE, *mangeant*

Voilà une sauce complètement ratée!

NORINE

Hein?

MISTINGUE

Ce n'est pas pour me vanter; mais, quand je m'y mets...

LENGLUMÉ, *bas*

Mais tais-toi donc! *(Haut, à sa femme.)* T'en offrirai-je, ma louloute?

NORINE, *sèchement*

Merci! puisque la sauce est mauvaise!

MISTINGUE

Moi, je fais revenir mes oignons... j'ajoute un verre de vin blanc, et je tourne, je tourne... pour que ça mijote.

NORINE, à part

Quel drôle de notaire!... *(Haut.)* Justin... donnez-moi le journal.

JUSTIN, à part

Saprelotte !... je l'ai prêté à la cuisinière du premier, pour lire son feuilleton!...

MISTINGUE

Vous ne mangez pas, madame Louloute?

NORINE, furieuse

Il m'appelle Louloute!

LENGLUMÉ

C'est un lapsus... Un peu d'omelette?

NORINE

Je n'ai pas faim.

JUSTIN, prenant un journal qui enveloppe le pot à tabac

En voilà un vieux... 1837... Après ça, elle ne lit que les chiens écrasés, ça n'a pas de date.

NORINE

Eh bien... ce journal? ...

JUSTIN

Voici, madame.

LENGLUMÉ, à Mistingue qui se verse du vin

24

Voulez-vous de l'eau?

MISTINGUE

Jamais!... je suis au régime .

LENGLUMÉ, à part

Ceci m'explique son nez.

Justin prend un plat et sort.

NORINE, qui a parcouru le journal

Ah! mon Dieu! quel ép ouvantable évènement!

MISTINGUE et LENGLUMÉ

Quoi donc?

NORINE, lisant

« Ce matin, rue de Lourcine, la cadavre d'une jeune charbonnière a été trouvé horriblement mutilé..."

LENGLUMÉ

C'est affreux!... Je r eprendrai de l'omelette!

MISTINGUE

Moi aussi!

NORINE, continuant

«On supp ose que les assassins étaient au nombre de deux..."

LENGLUMÉ

Deux contre une femme! les lâches!... Elle est un p eu salée.

MISTINGUE

Trop.

NORINE, continuant

« La justice est sur la trace des coupables, grâce à deux pièces de conviction..."

25

LENGLUMÉ

Bravo! c' est bien fait!

NORINE, continuant

«... Un p arapluie vert, surmonté d'une tête de singe..."

LENGLUMÉ et MISTINGUE

Hein? ...

NORINE

Juste! comme celui du cousin Potard.

LENGLUMÉ, à part

Ah! mon Dieu!

NORINE

Et un mouchoir marqué: J.M.

MISTINGUE

Ma marque! mes che veux se dressent!

NORINE, reprenant sa lecture

«... Qui les deux bandits, qui ôtaient en état d'iv resse..."

LENGLUMÉ, à part

C'est bien ça!

NORINE, achevant

«... Ont oublié près d'un sac à charb on que portait la victime."

LENGLUMÉ

Du charbon ! (Lenglumé et Mistingue regardent leurs mains noires et poussent un cri.)
Ah!

NORINE

Qu'avez-vous donc?

26

LENGLUMÉ et MISTINGUE, *cachant vivement leurs mains sous la table*

Rien!... rien!...

NORINE, *à Mistingue*

Une côtelette, monsieur?

MISTINGUE

Merci!... mer ci!... je n'ai plus faim!

NORINE

Et toi, mon ami?

LENGLUMÉ

Moi non plus!

NORINE, *à Justin qui vient de rentrer*

Justin! ser vez le dessert!

MISTINGUE

Je n'en prendrai pas!

LENGLUMÉ

Nous n'en prendrons pas.

NORINE

Alors, le café!... les liqueur s!...

Justin sort.

MISTINGUE

Mille grâces!... j'ai fini!

LENGLUMÉ

Nous avons fini!

NORINE, *tendant son verre*

Eh bien, donne-moi à boire.

LENGLUMÉ, *les mains sous la table*

Non!... j'ai ma cramp e!...

Norine tend son verre à Mistingue.

MISTINGUE, *de même*

Moi aussi... j'ai sa crampe!

NORINE, *à part*

Pourquoi diable mettent-ils leurs mains sous la table?

JUSTIN, *rentrant et posant sur la table un plateau contenant le café et les liqueurs*

Madame, M.Potard est dans le p etit salon.

NORINE, *se levant*

Mon cousin!... le pèr e de notre filleul... J'y vais.

CHŒUR

AIR: Dans notre noble Venise

Quelle drôle d'aventure!
Je fais bien triste figure
Il fait bien triste figure
Si j'en sors blanc, je le jure,
Je serai guéri,
Il sera guéri,
Ravi!

Norine sort suivie de Justin, qui a porté la table à droite.

28

Scène VIII

Lenglumé, Mistingue.

LENGLUMÉ, *montrant ses mains*

Eh bien, Mistingue?

MISTINGUE, *de même*

Eh bien, Lenglumé?

LENGLUMÉ

Plus de doute!... c' est nous qui avons fait le coup!

MISTINGUE

Je n'osais pas te le dire!...

LENGLUMÉ

C'est horrible!

MISTINGUE

Moi qui ai le vin si gai!

LENGLUMÉ, *poétiquement*

Pauvre charbonnière!... moissonné e à la fleur de l'âge!

MISTINGUE

À coups de parapluie !... Bis donc : il faudrait peut-être nous laver les mains.

LENGLUMÉ, *à part*

Il est canaille... mais plein de présence d'esprit ! *(Haut.)* Vite ! de l'eau!

MISTINGUE

Une brosse! du sav on!...
les mains. Ils courent au lavabo, qu'ils apportent sur le devant de la scène et s'y lavent
ENSEMBLE

29

AIR: Finale du pr emier acte de Renaudin de Caen *(Doche)* .

Lavons nos mains,
Et soyons bien certains
D'enlever tout indice.
Ne tremblons plus, car la justice
Par ce moyen ne saura rien!
Tout ira bien (Bis.)
Par ce moyen, (Bis.)
La justice
Ne saura rien!

MISTINGUE

Si nous voulons passer pour gens honnêtes,
C'est beaucoup d'avoir les mains nettes!

LENGLUMÉ

Oui, mais, réponds, ta conscience, hélas!
Est-ce toi qui la laveras?

MISTINGUE

Ah! p our cela, point d'embarras,
La conscience, ami, ça n'se voit pas!

LENGLUMÉ

Il a raison, ça n'se voit pas!
Mais, parle bas!
Du silence!
De la prudence!

ENSEMBLE

De la prudence!
Lavons nos mains,
Etc.

Scène IX

Les mêmes, Norine, Potard.

NORINE, *à la cantonade*

Entrez, cousin... *(Apercevant son mari et Mistingue qui se lavent les mains avec acharnement.)* Eh bien, qu'est-ce que vous faites donc là?

LENGLUMÉ, *très ému*

Tu vois... nous nous... nous nous...

MISTINGUE

Lavons les mains.

LENGLUMÉ, *reportant le lavabo*

Elles n'étaient pas noires!

MISTINGUE

Au contraire.

LENGLUMÉ

C'est pour nous distraire... entre labadens !... on fait partie de se laver...

NORINE, *à par*

Quelles singulières figures!...

POTARD

Je vous dérange, cousin?

LENGLUMÉ

Du tout!

POTARD

À propos! Et mon p arapluie?

LENGLUMÉ, *bondissant*

31

Sapristi!

MISTINGUE, bas

Tenez-vous donc!

NORINE

Je n'y comprends rien... impossible de le retrouver.

POTARD

Ah ! il ne peut, pas se perdre ; mon nom est gravé sur le manche, avec mon adresse.

LENGLUMÉ, bas, défaillant

Je suis perdu!... il dira qu'il me l'a prêté!

MISTINGUE, bas

Tenez-vous donc!

NORINE

Tu es sorti hier au soir, mon ami?

LENGLUMÉ

Jamais!... jamais!... j'inv oque un alibi!

MISTINGUE, vivement

Nous étions à Vaugirard.

NORINE, à part

Vaugirard ? un alibi ?... qu'est-ce qu'ils ont ? (Haut.) Cependant tes bottes étaient crottées!

POTARD

Et je vous ai rencontrés, mes gaillards!

LENGLUMÉ, bas

Un témoin à charge!

32

MISTINGUE, *à part*

Sapristi!

NORINE

Rencontrés!... Et où cela, S. V.P.

POTARD

Mais dans un endroit...

MISTINGUE, *l'interrompant vivement*

C'est faux!

LENGLUMÉ

Nous tournions le dos à la rue de Lourcine.

POTARD

Qui vous parle de la rue de Lourcine ?... J'ai rencontré ces messieurs au théâtre de l'Odéon.

LENGLUMÉ et MISTINGUE

Hein? ...

POTARD

Et je ne les ai pas quittés de la soirée.

LENGLUMÉ

Pas quittés!

MISTINGUE

De la soirée! *(Tous deux dansent en chantant.)* Tra la la la!

NORINE, *à part*

Mon mari devient fou ! *(Criant.)* Lenglumé ! Lenglumé, mais habille-toi donc pour le baptême!

LENGLUMÉ, *avec exaltation*

Oh ! oui ? je veux sortir ! je veux respirer la brise ! je veux baptiser le petit Potard!... et r egarder en face toute la gendarmerie française!...

Il embrasse sa femme.

NORINE

Mais finis donc ! tu me chiffonnes !... Venez, cousin, laissons-le s'habiller... je vous montrerai la robe de baptême pour votre petit garçon, *(À son mari.)* Dépêche-toi!

Elle entre à gauche, deuxième plan. Potard reste au fond.

LENGLUMÉ, bas

Il était inutile de nous laver les mains.

MISTINGUE, bas

Ah ben! c' est fait, à présent!

LENGLUMÉ

L'Odéon!

MISTINGUE

L'Odéon!

Ils s'embrassent.

POTARD, descendant

Mais c'est une craque !... Vous savez bien qu'en été il est fermé, l'Odéon.

LENGLUMÉ et MISTINGUE, terrifiés

Hein? ... fermé? ...

POTARD

Devant votre femme, je n'ai pas voulu dire ce que je savais...

LENGLUMÉ

Quoi?

MISTINGUE

Que savez-vous?

34

NORINE, *dans la coulisse*

Venez donc cousin!

POTARD

Voilà! v oilà! *(Avant de sortir.)* Ah! v ous êtes deux fiers scélérats!
Il entre au deuxième plan, à gauche.

Scène X

Lenglumé, Mistingue.

MISTINGUE

Deux scélérats!

LENGLUMÉ

Il sait tout!... ces émotions me dislo quent!

MISTINGUE

Moi, je ruisselle!
Il va à la table et se verse un grand verre de curaçao.

LENGLUMÉ

Qu'est-ce que tu faisais là?

MISTINGUE, *buvant*

Je ne sais pas, mais, quand j'ai du tintouin, je m'étourdis!...

LENGLUMÉ

Allons ! donne-moi un verre d'eau rougie... ça m'étourdira peut-être aussi...

MISTINGUE, *lui versant un plein verre de curaçao*

Avale-moi ça... c'est un velours.

LENGLUMÉ, *vidant le verre d'un trait*

Mais c'est du curaçao!

MISTINGUE

De Hollande!

LENGLUMÉ

C'est doux... ah! ça fait du bien!

MISTINGUE

Ça donne du ton.
Ils fouillent dans leurs poches pour en tirer leurs mouchoirs, Lenglumé amène un bonnet de femme, et Mistingue un soulier.

LENGLUMÉ

Hein!... un b onnet de femme à présent!

MISTINGUE

Un soulier!

LENGLUMÉ

Les dépouilles de notre victime !... il paraît que nous l'avons décoiffée!

MISTINGUE

Et déchaussée!

LENGLUMÉ

Moi, un homme rangé !... comment faire disparaître ces traces ?... Ah! dans ce p ot à tabac!

MISTINGUE

As-tu un puits dans ta maison? *(Il heurte une chaise.)* Aïe!

LENGLUMÉ, *effrayé*

Les gendarmes!

Il fourre le bonnet dans le pot à tabac.

MISTINGUE

Non... je me suis cogné.

LENGLUMÉ

Dieu! que j'ai eu p eur!

MISTINGUE

Mais ce soulier?

LENGLUMÉ

Fais-le disparaître!... mang e-le!... n'hésite p as!

MISTINGUE, *faisant mine de l'avaler, et s'arrêtant*

Non... je vais le réduire en cendres... Où y a-t-il du feu?

LENGLUMÉ, indiquant la gauche, premier plan

Là, dans cette chambre. *(Apercevant ses mains qui sont redevenues noires.)* Ah!

MISTINGUE, bondissant

Les gendarmes!

LENGLUMÉ

Non !... toujours ce charbon qui reparaît... comme la tache de sang de Macbeth? ...

MISTINGUE, montrant ses mains

Les miennes aussi!

LENGLUMÉ

Ah! je ne v eux plus tuer de charbonnière, c'est trop salissant!

MISTINGUE

Vite de l'eau!

LENGLUMÉ

Une brosse!... du sav on!
Ils boitent au lavabo, le rapportent et se lavent les mains en reprenant la seconde partie de l'air précédent.
Lavons nos mains,
Etc.

Scène XI

Les mêmes, Norine.

NORINE

Eh bien! es-tu prêt? *(Les apercevant.)* Comment! encor e!

MISTINGUE, *ahuri*

On n'entre pas!...

NORINE

Ah çà! tu te lav eras donc les mains toute la journée?

Mistingue reporte le lavabo au fond, à droite.

LENGLUMÉ

C'est aujourd'hui ma fête, et alors...

NORINE

Ta fête! tu ne m'as seulement p as remerciée de ma surprise.

LENGLUMÉ

Quelle surprise?

NORINE

Ce pot de tabac, comment le trouves-tu?

Elle se dispose à l'ouvrir.

LENGLUMÉ, *à part*

Le bonnet! *(Haut.)* Ne touche pas!

MISTINGUE, *la retenant*

Ne touchez pas!

NORINE

Pourquoi ça?

LENGLUMÉ

Parce que ça pourrait s'éventer.

MISTINGUE

Le tabac... c'est comme l'éther!

NORINE, *à part*

Oh ! il y a quelque chose ! *(Haut.)* Encore une fois, dépêche-toi, on va nous attendre!

LENGLUMÉ

Je vais chercher mon chapeau, *(À part.)* Je cours à la préfecture demander un passeport... et, dans un quart d'heure, je serai en Amérique.

ENSEMBLE

AIR: La cloche nous appelle .

NORINE

Quel singulier langage!
Qu'il est extravagant!...
J'en saurai davantage
Dans un autre moment.

LENGLUMÉ et MISTINGUE

Ah! r eprenons courage
Et fuyons l'ouragan!
Fallut-il, à la nage,
Traverser l'Océan!

MISTINGUE, *à part*

La frayeur qui m'inspire
Agite tout mon corps,
Je m'en vais faire cuire
Le soulier du remords!

REPRISE ENSEMBLE

LENGLUMÉ et MISTINGUE

Ah! r eprenons courage,

Etc.

NORINE

Quel singulier langage,

Etc., etc.

Lenglumé sort par le fond. Mistingue entre par la gauche, premier plan.

Scène XII

NORINE, puis Potard.

NORINE, *seule*

Bien sûr, il y a quelque chose... cette figure renversée... quand j'ai voulu ouvrir ce pot de tabac... qu'est-ce que ça peut être? ...

Elle s'en approche

POTARD, *entrant*

Oh! ma cousine , c'est trop!... V ous avez fait des folies.

NORINE, *s'éloignant du pot à tabac sans l'avoir ouvert*

Quoi donc?

POTARD

Une robe brodée... et deux petits bonnets!...

NORINE

Ne parlons pas de ça... N'êtes-vous pas notre seul parent du côté des Frottemouillard?

POTARD

C'est vrai... Vous êtes si bonne pour moi... cela m'encourage, cousine, j'ai une demande à vous faire.

NORINE

À moi?

POTARD

C'est-à-dire à votre mari.

NORINE

Voyons!

POTARD

C'est que... c'est une demande d'argent.

NORINE

Eh bien, qu'est-ce que ça fait?

POTARD

Pendant sa grossesse, ma femme a eu des envies ruineuses... elle ne voulait manger que; du melon et des fraises...

NORINE

Moi, j'avalais des boites de sardines.

POTARD

J'aurais préféré des sardines, parce que les melons et les fraises... au mois de janvier... ça coûte cher !... mais j'avais peur que le petit n'en fût marqué.

NORINE

Mon filleul marqué d'un melon! quelle hor reur!

POTARD

Bref ! je dois quinze cents francs à un marchand de comestibles qui me poursuit!

NORINE

Eh bien, il faut les payer... nous sommes riches.

POTARD

Ah! cousine!

NORINE

À qui prêterons-nous notre argent, si ce n'est à vous, notre seul parent du côté des Frottemouillard?

POTARD

Que de bontés! je n'ai jamais douté de v ous... mais...

NORINE

43

Quoi?

POTARD

C'est votre mari... Il est un peu dur à la détente, le père Lenglumé.

LENGLUMÉ, dans la coulisse

Je n'y suis pour personne!

NORINE

Le voici! il faut lui p arler; je v ous soutiendrai.

Scène XIII

Les mêmes, Lenglumé.

LENGLUMÉ, *entrant très agité, à part*

C'est aujourd'hui dimanche... la préfecture est fermée... et pas de passeport... malédiction !

NORINE

Mon ami !...

LENGLUMÉ, *à part*

Ma femme !... prenons une figure de jubilation. *(Haut.)* je suis très gai !... *(Avec mauvaise humeur.)* Ah ! je suis très g ai !

NORINE

Tant mieux ! C'est le cousin Potard... qui aurait une petite confidence à te faire.

LENGLUMÉ, *à part*

Le cousin Potard !... mon témoin à charge ! *(Haut)* En effet... je crois que nous avons à causer seul à seul... Laisse-nous, ma bonne amie.

NORINE

Mais...

LENGLUMÉ

Laisse-nous.

NORINE

Je m'en vais ! *(Bas, à potard.)* Allez... du courage !

CHŒUR

AIR du Palais de chrysocale *(MANGEANT)* .

Il faut qu'on s'explique,
C'est trop hésiter.
Soyons énergique,

Soyez énergique,
Osons l'affronter!
Osez l'affronter!

Norine sort par le fond

Scène XIV

Lenglumé, Potard.

LENGLUMÉ

Nous sommes seuls... parle bas!...

POTARD

Ah!... il faut p arler bas? ...

LENGLUMÉ

Oui.

POTARD, *à part*

Pourquoi ça?

LENGLUMÉ

Eh bien, Potard, c’est atroce, n’est-ce pas?

POTARD

Quoi?

LENGLUMÉ

Tu m’as vu cette nuit?

POTARD

Je vous ai même suivi... vous battiez les murs... et tout ce qui se trouvait devant vous... avec mon parapluie... pif! p af! p an!

LENGLUMÉ, *à part*

La malheureuse!...

POTARD

Ah! v ous allez bien quand vous vous y mettez!

LENGLUMÉ

Je te jure que c'est la première fois que je m'y mets !... Pauvre femme!...

POTARD

Votre femme n'en saura rien.

LENGLUMÉ

Oui... mais l'autre!

Il indique le ciel.

POTARD, à part, riant

Comment, il en a une autre? ... au-dessus.

LENGLUMÉ

Potard... j'ai une demande à t'adresser.

POTARD

Moi aussi!

LENGLUMÉ

Tu ne voudrais pas me mettre dans la peine, n'est-ce pas ? toi, notre seul parent du côté des Frottemouillard!

POTARD

Parlez, cousin.

LENGLUMÉ

Eh bien, si jamais on te demande à qui tu as prêté ton parapluie... ton sinistre parapluie!...

POTARD

Qu'est-ce qu'il a?

LENGLUMÉ

Réponds... ah ! réponds que tu l'as égaré dans le chemin de fer de Versailles en allant voir jouer les eaux, un dimanche!...

48

POTARD

Tiens!... quelle drôle d'idé e!

LENGLUMÉ

Tu m'as compris?

POTARD

C'est-à-dire...

LENGLUMÉ, lui serrant la main

Merci!... mer ci!...

Soupir de satisfaction.

POTARD, à part

Il a l'air bien disposé. (Haut.) Cousin, à mon tour, j'ai en service à vous demander.

LENGLUMÉ

Parle, tu sais bien que je n'ai rien à te refuser.

POTARD

C'est que... il s'agit d'argent...

LENGLUMÉ

Ah ! il s'agit... (À part.) Il veut me faire chanter ! (Haut.) Voyons... tu es honnête... sois modéré: combien?

POTARD, après avoir hésité

Quinze cents francs!...

LENGLUMÉ, joyeux

Pas plus?

À part.
AIR de Voltaire chez Ninon .

Le progrès règne maintenant.
Jadis on ne faisait usage
Que de l'art sublime du chant.

À présent on a... le chantage!
             À Potard.
Noble cœur! de toi je suis fier ,
Tu pouvais, sur ta serinette,
Me faire chanter un grand air;
Tu t'en tiens à la chansonnette!

C'est très gentil! *(Lui remettant deux billets.)* Voilà!

POTARD

Ah ! cousin !... tant de générosité !... Tenez, laissez-moi vous remercier!

Il l'embrasse.

LENGLUMÉ, *touché*

Ah! tu ne crains p as de m'embrasser, toi! tu es un homme fort!

POTARD, *à part*

Qu'est-ce qu'il a ? *(Haut.)* J'entre dans votre cabinet pour écrire à mon créancier. Vous permettez?

LENGLUMÉ

Tout; mais tu me jur es de jeter un voile épais...?

POTARD

Sur quoi?

LENGLUMÉ

Sur cette nuit d'horreur!

POTARD

Allons donc!... une p eccadille!...

LENGLUMÉ, *satisfait*

Une peccadille!... Oh! tu es un homme fort!

POTARD

Soyez tranquille, je n'en parlerai à personne... excepté à ma femme pourtant!

LENGLUMÉ

Ta femme? La pr emière bavarde du quartier!

POTARD

Je ne peux rien lui cacher. Elle a un talent pour me tirer les vers du nez.

LENGLUMÉ

Potard!... au nom du ciel!...

POTARD

Non; je ne p ourrais pas vous tenir parole!

Il se dirige vers le cabinet.

LENGLUMÉ, courant après lui

Potard!... Potard!...

POTARD

C'est impossible!

Il entre à droite, premier plan, et ferme la porte.

Scène XV

Lenglumé, puis Justin.

LENGLUMÉ

Impossible !... Je suis un homme perdu ! Sa femme va tout raconter, et le mois prochain on criera: «V'là c' qui vient de paraître!... Hor rible assassinat, commis par la bande Lenglumé ! ça ne se vend qu'un sou ! " *(Frissonnant.)* Brrr !... Dire que, si je pouvais fermer la bouche à cet homme, tout serait fini!... tout!...

JUSTIN, *entrant de la gauche avec un réchaud de charbon*

Il est complet, l'ami de monsieur.

LENGLUMÉ, *à part*

Du monde!

Il se retourne.

JUSTIN, *à part, riant*

Il a bu tout le genièvre... Dans ce moment, il fait cuire un soulier sur le gril et il pleure dessus!

LENGLUMÉ

OÙ vas-tu? ... *(Montrant le réchaud.)* Qu'est-ce que c'est que ça?

JUSTIN

C'est un réchaud de charbon allumé, je le porte dans la bibliothèque pour sécher le papier.

Il entre à droite, premier plan.

LENGLUMÉ, *seul*

Un réchaud !... Et Potard qui est là !... il va l'asphyxier !... *(Gaiement.)* Il va l'asphyxier... ce garçon-là finira mal!...

NORINE, *dans la coulisse*

Lenglumé!... Lenglumé!...

LENGLUMÉ

52

N'entre pas!... n' entre pas!

Il sort vivement par la gauche, deuxième plan.

JUSTIN, *rentrant*

J'ai ouvert les deux fenêtres... à cause de ce monsieur qui écrit... Mais, pourquoi diable l'autre fait-il cuire son soulier ?... ah ! il est cocasse !... il dit qu'il a massacré une charbonnière, rue de Lourcine... et qu'il a mis son bonnet dans un pot... Ce que c'est que les liqueurs !... Tiens! le tabac!... Monsieur n'y est p as... je vais bourrer ma pipe.

Il tire sa pipe et ôte le couvercle du pot.

LENGLUMÉ, *revenant et apercevant Justin*

Qu'est-ce que tu fais là?

JUSTIN

Oh!

au lieu de tabac, il y fourre les rubans du bonnet.
Il tourne vivement le dos au pot et continue à bourrer sa pipe par derrière ;

LENGLUMÉ

Va-t'en.

JUSTIN

Oui, monsieur. *(En s'éloignant il entraîne le bonnet.)* Un bonnet!

LENGLUMÉ

Silence!

JUSTIN

Ah ! mon Dieu !... c'était donc vrai... celui de la charbonnière !... dans un pot!

LENGLUMÉ, *effrayé*

Comment!... tu sais? ...

JUSTIN

Rue de Lourcine!

LENGLUMÉ, *le saisissant à la gorge*

Misérable!... je vais t'étrangler!

JUSTIN

Au secours! au se cours!

Il se sauve à droite, deuxième plan

Scène XVI

Les mêmes, Norine.

NORINE

Ces cris!... qu'y a-t-il?

LENGLUMÉ, *très calme*

Rien... je causais avec Justin... ce brave Justin!...

NORINE, *un papier à la main*

Qu'est-ce que c'est que cette note que je viens de recevoir ?... tu n'as rien demandé?

LENGLUMÉ

Non! *(À part.)* Il faut absolument qu'il se taise!... il le faut!...
Il se dirige vers la porte par laquelle est entré Justin.

NORINE

Où vas-tu? ...

LENGLUMÉ, *tranquillement*

Casser du sucre... avec ce brave Justin!... *(À part.)* Il le faut!

Scène XVII

Norine, puis Justin.

NORINE

Casser du sucre par là!... mais les v olets sont fermés...

JUSTIN, *paraissant à la porte de gauche, deuxième plan*

Madame... on attend pour cette petite note.

Il disparaît.

NORINE

Je n'y comprends rien !... absolument rien !... sans doute il y a erreur... il faut qu'on s'explique... je vais voir... *(Appelant.)* Justin !... Justin!...

Elle sort par la gauche

Scène XVIII

Lenglumé, Norine.

LENGLUMÉ, *pâle, défait. En entrant, il va à la table et boit deux verres de curaçao. Musique à l'orchestre*

C'est fait !... c'est horrible !... c'est fait !... Je lui ai dit : Justin, mille francs pour toi si tu veux te taire... pas de réponse !... deux mille francs !... c'était pourtant gentil... mais je ne voulais rien avoir à me reprocher, pas de réponse !... alors, je me jette à ses genoux... il me fait : psch ! psch !... pour me narguer !... Je m'emporte ! je m'exaspère ! je lui saute au cou ! il m'égratigne !... je serre !... j'entends un râle... miaou !... c'était fait... c'est bien simple !... Comme l'homme est peu !... pauvre Justin ! j'avais toujours pensé, que ce garçon-là finirait mal... *(Se grisant par degrés.)* Ce que c'est que le remords... tout tourne... tout danse autour de moi... comme au banquet Labadens.

MISTINGUE, *en dehors*

AIR de Dufresny (LES VENDANGES, sans l'orchestre).

Dans la vigne à Claudine
Les vendangeurs y vont.

LENGLUMÉ, *complètement gris*

Tiens!... le p etit biberon qui chante sa darbo!...

Scène XIX

Lenglumé, Mistingue.

MISTINGUE, *entrant et continuant*

On choisit à la mine
Ceux qui vendangeront.

LENGLUMÉ

Aux vendangeurs qui brillent
On y donne le pas;
Les autres y grappillent,
Mais n'y vendangent pas!

ENSEMBLE

Les autres y grappillent,
Mais n'y vendangent pas

MISTINGUE

Je ris... je ris comme un bossu!

LENGLUMÉ

Moi aussi!

MISTINGUE

Tu sais bien le soulier de la charbonnière? ...

LENGLUMÉ

Oui... oui...

MISTINGUE

C'est comique !... je l'ai mis sur le gril... il se tortille... il se retourne,
et il fait coui! coui!

LENGLUMÉ, *très gaiement*

Coui! coui!...   *(À Mistingue.)* Tu sais bien, Potard... le témoin à charge?

MISTINGUE

Oui.

LENGLUMÉ, riant

Couic!

MISTINGUE

Bon! très b on!

LENGLUMÉ

Et Justin! *(Même geste.)* Couac!

MISTINGUE

Bon! très b on!

LENGLUMÉ

Comme ça, il n'y a plus de témoins!...

MISTINGUE

Absolument! Ah! si, il y a quelqu'un!

LENGLUMÉ, furieux

Où est-il?

MISTINGUE

Toi!

LENGLUMÉ

Et toi!

MISTINGUE, à part

C'est peut-être indélicat ce que je vais dire là !... *(Riant.)* Si je supprimais Lenglumé?

LENGLUMÉ, à part

À la merci d'un ivrogne !... Si je supprimai ? Mistingue ?... Ça y est!...

59

MISTINGUE, *à part*

Ça va!

LENGLUMÉ, *lui tendant la main*

Ce brave Mistingue!...

MISTINGUE, *même jeu*

Ce brave Lenglumé!

LENGLUMÉ, *à part*

Un labadens! ça me fait de la p eine!...

MISTINGUE, *à part*

Ça me fait de la peine!... un labadens!

TOUS DEUX, *frappés d'une idée*

Ah!...

LENGLUMÉ, *prenant sur la table une grande cuiller à potage*

Ceci fera l'affaire!...

MISTINGUE, *allant prendre une bûche près de la cheminée*

Dès que je pourrai trouver mon petit joint... une vingtaine de coups!

LENGLUMÉ, *il prend le journal et présente une chaise à Mistingue*

Asseyons-nous, mon ami!

MISTINGUE, *apportant une chaise*

Volontiers!... *(À part.)* Exauçons ses dernières volontés.

Ils s'asseyent.

LENGLUMÉ

Et lis-moi le journal.

MISTINGUE, *à part*

Tiens! si ça p ouvait l'endormir.

LENGLUMÉ

Tu y verras l'histoire de la malheureuse charbonnière...

MISTINGUE

Bien malheureuse, en effet!

LENGLUMÉ

Y es-tu?

MISTINGUE

J'y suis!... *(Lisant.)* « Mardi prochain, tout Paris se portera sur la place de la Concorde pour assister à l'érection de l'obélisque de Louqsor..."

LENGLUMÉ, *debout, derrière lui, et tenant sa cuiller à deux mains, prêt à l'assommer*

L'obélisque!... qu' est-ce qu'il chante?

MISTINGUE

C'est imprimé!

LENGLUMÉ, *prenant le journal et lisant*

« Le monolithe sera découvert demain, 24 juillet 1837. " *(Avec joie.)* 1837!...

MISTINGUE, *la bûche en l'air*

Hein!... 1837!

LENGLUMÉ

C'est un vieux journal!...

MISTINGUE

Il y a vingt ans!... Mais alor s la charbonnière...

LENGLUMÉ

Nous sommes innocents !... Ah ! mon ami !... *(Ils tombent dans les bras l'un de l'autre en s'embrassant avec effusion.)* Et moi qui allais t'assommer!

MISTINGUE

Tiens! moi aussi!

LENGLUMÉ, se dégageant

Ah ça va mieux ! ça me dégrise !... *(Se rappelant tout à coup.)* Ah ! sapristi ? et les deux autres!... car tu sais... j'ai tué deux hommes!

MISTINGUE, vivement

Ah! mais je n' en suis pas, de ceux-là!

Scène XX

Les mêmes, Justin, puis Potard.

JUSTIN, *entrant par la gauche, deuxième plan*

Monsieur, madame fait demander si...

LENGLUMÉ

Hein!... tu n' es pas mort?

JUSTIN

Par exemple!

LENGLUMÉ

Brave garçon... Tiens, voilà cent sous pour toi!

JUSTIN

Pour n'être pas mort?

LENGLUMÉ

Reste à un!

POTARD, *sortant, sa lettre à la main*

Cousin, je vous remercie!

LENGLUMÉ

L'autre... Tu n'es pas mort?

POTARD

Comment?

LENGLUMÉ

Bon jeune homme!... Tiens, v oilà cent sous pour toi!

POTARD

Cent sous? ...

LENGLUMÉ

Reste à zéro!

MISTINGUE, à part

Sapristi! j'ai mal à la tête!...

Il remonte et disparaît derrière les rideaux du lit.

LENGLUMÉ

Mais qui donc était là, là... dans ce cabinet?

Scène XXI

Les mêmes, Norine.

NORINE, *entrant*

C'est horrible!... c' est affreux!

TOUS

Qu'y a-t-il?

NORINE

Moumoute, ma chatte! que je viens de tr ouver sans connaissance!

LENGLUMÉ

La chatte!... un chatricide!

NORINE

Ah ! monsieur, je ne vous le pardonnerai jamais... surtout après ce que je viens d'apprendre.

LENGLUMÉ

Quoi donc?

NORINE

Où avez-vous passé la nuit, monsieur?

LENGLUMÉ

Ça, je ne serais pas fâché de le savoir... Mistingue non plus. *(Le cherchant du regard.)* Tiens! où est-il donc?

NORINE

Eh bien, je vais vous le dire : Vous vous êtes roulé dans l'orgie, chez des liquoristes de bas étage!

LENGLUMÉ

Moi?

NORINE, *lui tendant un papier*

Chez la mère Moreau!

TOUS

Oh!

NORINE

Osez le nier ! voici la note de vos déportements ! *(Lisant.)* « Trois bocaux de cerises à l'eau-de-vie!... deux idem de pr unes!"

LENGLUMÉ, *se rappelant*

Ah! les no yaux!... les no yaux!...

NORINE, *lisant*

« Plus : un bonnet de femme, un soulier du même sexe et un tour en cheveux appartenant à la demoiselle de comptoir."

LENGLUMÉ

Ah! je compr ends!... je compr ends!...

NORINE

Total: soix ante-quatre francs.

LENGLUMÉ

C'est chacun trente-deux... Mistingue!... où diable est-il p assé?

NORINE

Et vous étiez tellement abruti par l'alcool, qu'il a fallu vous enfermer dans la cave au charbon!

LENGLUMÉ

Attends ! *(Fouillant à sa poche.)* Il m'en reste un morceau... Je vais t'expliquer...

NORINE

On nous attend pour le baptême, monsieur ; mais nous causerons ce soir.

LENGLUMÉ, à part

La nuit sera orageuse!... Il faudra que je me fasse p ardonner!

On entend ronfler dans l'alcôve.

TOUS

Qu'est-ce que c'est?

LENGLUMÉ

Sapristi!... est-ce que j'aurais ramené un tr oisième labadens?

Justin ouvre les rideaux de l'alcôve. On aperçoit Mistingue couché tout habillé sur le

TOUS

Encore lui!

LENGLUMÉ

Ah çà ! il ne sortira donc pas de mon lit ? Donne-moi ma canne !... (Se ravisant.) Ou plutôt non!... ne le ré veillons pas... Justin!

JUSTIN

Monsieur?

LENGLUMÉ, montrant Mistingue

Tu vois bien ce colis... dès que nous serons partis... tu lui colleras dans le dos une étiquette, avec cette inscription : Cuisinier pour Brunswick. – Fragile . Après quoi, tu le déposeras à la gare de Strasbourg... bureau des marchandises... Aies-en bien soin... c'est un labadens.

CHŒUR

AIR de Mangeant

> Ah! rions des suites
> De notre frayeur;
> Nous en voilà quittes,
> Enfin, pour la peur!

67

LENGLUMÉ, *au public*

AIR: Tu n'as pas vu ces bosquets de lauriers .

Tous nos forfaits doivent vous étonner;
Mistingue et moi, nous sommes sans malice
Ne soyez pas prompts à nous condamner,
Et pesez bien tout dans votre justice.
Nous désirions, nous osions espérer,
Vous faire rire au gré de votre attente.
L'intention est à considérer;
Aussi, messieurs, nous venons implorer
La circonstance atténuante.

CHŒUR, REPRISE

Ah! rions des suites,
Etc.

L'AFFAIRE
DE LA RUE DE LOURCINE

COMÉDIE

EN UN ACTE, MÊLÉE DE COUPLETS

Représentée pour la première fois, à Paris, sur le théâtre du PALAIS-ROYAL, le 26 mars 1857.

COLLABORATEURS : MM. MONNIER ET MARTIN